27
L n 14986.

AF224470

GERVAIS.

HISTOIRE.

MORT DU ROI MURAT.

IMPRIMERIE DE X. DUTEIS A VILLENEUVE.

1859.

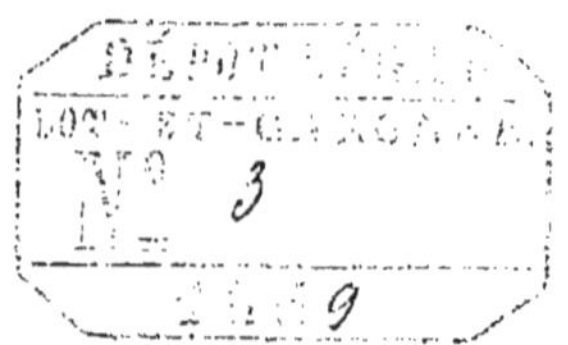

INTRODUCTION.

Virtus est medium vitiorum
utrinque reductum.

HORACE.

Le Roi Murat est le terme moyen de cette
définition.

Dans cet opuscule, des événements sont
communs à Marius et au roi Murat. Ces grands
hommes ont aussi des contrastes. Tous les deux
eurent à essuyer l'ingratitude. Marius est assis sur
les ruines de Carthage, non loin de la Numidie,
célèbre par ses triomphes, et Murat dans des lieux

écartés voisins de la ville de Toulon , célèbre par la victoire du jeune Bonaparte contre les Anglais. Marius éprouve des dangers imminents sur les ruines faites par Scipion Emilien, et le roi Murat en éprouve de semblables dans le voisinage de Toulon, après la néfaste de Wáterloo.

Marius et Murat sont des contrastes , en les envisageant comme hiéroglyphes des principes respectifs de leurs nations. Marius et Murat ont une liaison d'idées toute différente.

L'attitude de Marius rappelle la mort des Gracques et les événements qui la suivirent jusqu'à l'initiative impériale , et le roi Murat rappelle le règne d'Henri le Grand et le progrès de la liberté aujourd'hui florissante. Les événements qui se lient à ces deux illustrations sont des flux et des reflux. Ceux qui regardent Marius ont le dénouement tragique; et ceux qui regardent le roi Murat ont le dénouement épique. Notre ère nouvelle l'a porté.

Marius fit progresser le despotisme , et le roi Murat la liberté entière. En France, elle fait retentir pour tout le monde de la terre la trompette du ralliement.

Cette ébauche montre à grands traits la vie du roi Murat, depuis son retour en France en 1815 , jusqu'à sa catastrophe du Pizzo. A la vie de Murat,

se lie sa grande part de rédemption du servilisme
féodal. Je préviens l'objection..... La perfection
de la vie ultérieure est impossible sur la terre, à
moins que le Créateur ne voulût un changement
d'acide carbonique dans l'atmosphère et des modifi-
cations dans l'appareil respiratoire des êtres intel-
ligents.

Je blasphème.... mes paroles sont plus blamables
que celles de Job; car ce patriarche n'avait pas
sous les yeux le miracle de Dieu fait homme.

Le principe temporel et religieux est immuable.
Qu'on est aveugle de croire que la fièvre dans un
état conduit aux ailes de l'ange ! Elle ne saurait
conduire qu'au sceptre héréditaire d'une famille
instruite de l'harmonie des pondérations. Les formes
parfaites ne sont qu'un mirage dérobant les abîmes ;
les formes imparfaites sont celles qui méritent notre
amour, à l'égal des héros d'Homère. Qu'on compare
le fruit des formes parfaites avec le fruit des formes
imparfaites, et sur l'expérience on jugera. Notre
principe, habillé des formes imparfaites, ne saurait
produire que des Rois ou des Empereurs philan-
tropes. Charles VII était, je crois, d'une capacité
médiocre. Par Hyre, Agnès Sorel et autres dé-
vouements intéressés, suivant les règles monarchiques, ne fut-il pas un monarque sauveur ! Avant

la capitulation de Paris, et après, que fit le Sénat? Il est douloureux de se rappeler qu'il salua le soleil, levant du régime constitutionnel. La Pologne, à raison des formes quasi-parfaites, eut sous les yeux le spectacle de *la pendaison aux planchers des personnes de tout rang, de tout âge, de tout sexe, avec des animaux de chaque espèce.*

Présentement en France, le Corps Législatif, le Sénat, le suffrage universel, sont les armes d'Achile. Avec des revers ou un monarque d'intelligence ordinaire, ces armes ne seraient-elles pas entre les mains de Patrocle? C'est une question que je ne me permets pas de décider.

Ne devrait-on pas prendre en considération le traitement de 1789 par 1793.

Charlemagne laissa-t-il impunément le suffrage universel à Louis le Débonnaire? Tout le monde connaît les conséquences des assemblées générales à Chersi; tout le monde connaît le défaut d'à-propos sous Sylla, sous Octave, sous Constantin, sous Julien l'Apostat, sous Théodose le Grand. Ce défaut d'à-propos tint dans la persévérance une nature gouvernementale, qui est un contraste avec notre principe.

Les parlements furent l'équivalent de partie de nos institutions actuelles; or, les parlements sous

la direction de Richelieu , de Louis XIV , s'harmo-
nisèrent avec le principe : en face des régences et
de Louis XV, l'harmonie cessa d'exister. On pour-
rait dire, en faveur de 1789, qu'on fait renaître
de ses cendres, comme le phénix , et des conséquences de cette époque, exprimées par le Sénat,
le Corps Législatif et le suffrage universel, que
pour avoir renié trois fois le Christ , Saint-Pierre
ne fut pas moins le fondateur de l'Eglise chrétienne.

En prenant en considération les trésors de la
politique, qui ne se doit qu'à Dieu pour sa pensée,
tout est bien en France. Elle doit bénir le Sénat ,
le Corps Législatif et le suffrage universel, avec le
même enthousiasme qu'à l'initiative capetienne,
l'assemblée électorale de Noyon. — Avec une
série de cinq ou six Napoléon III, les formes faites
pour le Ciel ne donneraient pas des alarmes sur la
terre de France.

MORT

DU ROI MURAT.

Marius après sa sortie périlleuse des Marais de Mainturne, où un soldat qui avait ordre de le tuer se montra aussi magnanime que Sévola, protestant contre la proscription du Sauveur de la patrie, Marius se voit assis sur les ruines de Carthage ; et cette attitude imposante est une liaison d'idées différente politiquement de celle du roi Murat, fugitif, malheureux, assis en habit de mendiant sur une éminence, non loin de la ville de Toulon. (Le roi Murat évitait, par l'incognito, une poursuite étrangère). En contemplant Marius, on voit par le voyage de la pensée, Rome progressiste, à la date du siége de Veïes. En contemplant le roi Murat, on voit par le voyage de la pensée, la France progressiste de liberté depuis le règne de Philippe Ier, qui mit au monde Gaudefroy de Bouillon, libérateur du tombeau du Grand Philosophe. En contemplant Marius, on voit dans Rome le développement effréné de l'abus de la force d'un peuple contre les autres peuples de l'univers. Socrate, Aristote, Platon, n'avaient pu enchaîner les désastres favorisés par Pyrrhon et Epicure, partisans de l'oppression du plus grand nombre par le petit. En contemplant le roi Murat, en regard de la plaine de Provence, qui avait enseveli l'armée de Charles-Quint, aidant l'habileté de Montmorency, on voit en France l'itinéraire du principe à sa perfection, au milieu des scènes de sérénité et d'orages : l'Eternel, qui dirige ces mouvements, le veut ainsi.

En contemplant Marius, on parcourt par le voyage de la pensée, les champs de bataille de Rome, avec les Samnites, avec Brennus, avec Pyrrhus, avec Sagonthe, avec la Grèce, avec la Macédoine, avec la Thrace, on retire cette idée de l'examen : Les Romains, après plusieurs bains de sang pendant plusieurs siècles, se corrompirent.

Du repos du roi Murat, près de cette ville où le petit Gibraltar que Milord disait imprenable, tomba sous le feu du canon d'un chef de bataillon apprenti et réparateur des moqueries infligées à Carteau et à Dopet, on retire cette idée : les guerres, en France, ne sont faites que pour la perfection de son principe commun à l'Europe, perfection qui veut la balance des intérêts nationaux et internationaux. En contemplant Marius, on voit par le voyage de la pensée le premier triumvirat périr à Pharsale, le parti républicain à la bataille de Philippes; et le second triumvirat se noyer à actium. A la suite de ces crises, naît le pouvoir d'un seul, avec des formes hétérogènes. Ce pouvoir sans hérédité, sans existence politique, sans étendue rationnelle, ne pouvait que peupler les grottes de dragons, pour me servir du langage des prophètes. En contemplant le roi Murat, nous voyons par le voyage de la pensée les derniers soupirs de la race Capetienne trépassée politiquement le 21 janvier, escortés de la chasse aux Anglais en Amérique, et des réformes préalables voulues par l'avenir d'une race nouvelle. Dans ce point de vue, les grottes ont l'ornoment des gazons fleuris et le parfum des fleurs odoriférantes. L'annonce d'Isaï s'accomplit. En contemplant Marius, on voit par le voyage de la pensée, les horribles conséquences du défaut des pondérations sociales. Ces conséquences se montrent en partie et comme instruction suffisante dans l'élévation de Claude au trône et dans le passage gouvernemental de Galba, Othon, Vitalius. En contemplant le roi Murat, on voit par le voyage de la pensée, la quatrième race aussi consolidée des suites tragiques de Waterloo, que la troisième du trépas de Robert. Notre principe, qui est le principe de l'humanité, voulait pour sa perfection un baptême de sang royal, impérial et guerrier. Notre principe perfectionné, amené par notre ère nouvelle. forte de la gloire et du martyre, peut-il trouver un peuple réfractaire en Europe? A-t-il été jamais plus digne d'imitation!!

Pendant que le roi Murat prenait du repos sur la hauteur qui avait derrière elle un amphithéâtre de montagnes, et devant elle une surface *resplendissante* de productions, baignée par la Méditerranée, le maréchal Brune lui apparaît. Les deux héros sont en présence ; ils restent silencieux, tant il y avait gonflement respectif d'émotions. Le roi interrompt le silence : Brune, quelle est votre pensée? La vôtre, Sire ! Les deux amis intègres de sentiments, s'embrassent avec effusion de larmes ; ils se firent ensuite leurs adieux : ils ne devaient plus se revoir. L'assassinat attendait Brune à Avignon, et l a fusillade Murat au Pizzo. Sa tête devait être pour Ferdinand, comme la tête de Cicéron, pour la femme d'Antoine. Les grandes vertus sont quelquefois payées avec des actes féroces.

Le roi Murat fesait ses préparatifs pour aller joindre la grande armée, qui s'avançait vers Waterloo. Les bruits qu'on avait répandus n'étaient au fond que la coupe d'argent dans le sac de Benjamin. Les éperons de Bayard ne valaient point ceux de Murat. *Soldat, Murat avait été le frère de Napoléon, et ensuite roi.*

Le roi Murat, au sein de l'armée de Waterloo, en aurait électrisé les colonnes. A la vue de son éclatant panache, flottant sur sa tête auguste, porté par un corps athlétique, les traîtres auraient été déconcertés, comme en présence de l'autel de Philippe II, et les paroles du général Excelmans efficaces. La paix de Waterloo aurait été la paix de Nimègue !

Quand le tocsin national eut annoncé la néfaste de Waterloo et les hourras des traîtres, la compression coalisée au-dedans et au-dehors, s'opposa au réveil du peuple. Napoléon, son organe, fut obligé de secouer la poussière de son cothurne. Le roi Murat fut enveloppé dans la même proscription que l'Empereur. La perfidie étrangère devait conduire l'un en Calabre, et l'autre à Sainte-Hélène.

La tête du roi Murat fut mise à prix ; un tel homme ne devait trouver grâce devant le régime fainéant. Ce régime était un corps dur et inerte qu'avait fait le cabinet de Londres. A cet égard, on se rappelle la réflexion du fidèle Davoust.

Au fond de quoi se composait le régime fainéant. Ses preux étaient quelques avocats, *in partibus*, quelques médicastres, quelques apostats, quelques raisons sociales sur crédit imaginaire, quelques joueurs de bourse, quelques felons à l'honneur, quelques rhéteurs passant le plat pour leurs discours (expression de M. Dupin), quelques fournisseurs de troupes enrichis, cherchant à se laver, quelques contrebandiers de choses diverses, quelques réengagistes savourant les honneurs sans péril, quelques carabins de première année, revêtus des insignes de sous-lieutenant : en résumé, un personnel à tout faire par son égoïsme contre la patrie. Le régime constitutionnel devait avoir l'assortiment de la tyrannie de Tibère et de la plupart de ses successeurs. Cette objection est loin de calomnier, car on sait comment fut refusée l'épée de la gloire, qui proposait d'exterminer à coup sûr les ennemis placés d'une manière *hasardeuse* sur les bords de la

Seine. Plus tard, la chevalerie de 1815 se souilla de la complicité du guet-apens de Navarrain. En 1830, le haut mercantilisme, en progrès d'avilissement, éleva un autel à un crime de haute trahison, sur le champ de bataille, que l'honneur français avait mis sous la prévention d'un conseil de guerre. Au timon de la résurrection de l'avenir politique, était le général Valazé, de Tharadelle, Petit Thouard, Lamarque, Cormenin et autres distinctions. Cette élite, présidée par Chateaubriand, avait fixé à une vingtaine d'années le terme des vengeances célestes.

Les semences des sinistres de 1815 furent désastreuses ; les semences du 14 janvier l'auraient été davantage, sans l'échauffourée de l'attentat. Sa réussite précipitait l'Europe dans la conflagration, au profit d'une aristocratie marchande, clairvoyante sur l'avenir : de là le proconsulat étranger, par l'organe d'une trentaine de satrapes en France, et pareil nombre dans chaque grand Etat du continent. Ces démembrements auraient été aussi soumis au despotisme intérieur et extérieur, sous l'imposture des formes, que le Portugal s'affaissant tous les jours sur lui-même. Pour recouvrer l'unité du pouvoir en France, combien de siècles n'aurait-il pas fallu ! Ces vérités paraissent peut-tère un rêve.

Tout le monde en serait affligé, si l'attentat du 14 janvier avait réussi. En France généralement, on ne veut comprendre la cause des désastres qu'après coup. On ne comprit qu'après coup les causes des désastes Crecy, Poitier, Azincourt, Pavie, Sainquentin, les causes de l'existence des parlements, et états généraux, qui d'après Loiseau et Lebret ne sont étrangers à la souveraineté, et les causes des fausses doctrines qui les jetèrent dans l'arène des révolutions.

Les perquisitions étaient incessantes contre le roi Murat à Toulon, et dans les lieux voisins. Les sbyres du pouvoir étaient affamés de rencontrer leur proie. Ces recherches indignaient la France qui s'exprimait à Toulon par le barreau, l'armée de terre et de mer. Au for intérieur, l'armée était séparée du régime fainéant. Elle obéissait pour cause de patriotisme et d'espérance. L'armée doit obéir, disait Régnaud de Saint-Jean-d'Angély. L'armée obéissait à Saül, en faisant des vœux pour le règne du roi David. Junius Agricola obéissait à Domicien, et faisait des vœux pour l'avenir. L'armée, sous le régime constitutionnel, fesait un double vœu, celui du recouvrement du principe dans toute la force de son acception, et d'une dynastie nouvelle, créée par la gloire et le temps.

En 1815 , l'armée était plongée dans une pros-
tration morale. Protectrice de sa nature, de la
patrie, elle se voyait ravir son noble mandat ; elle
était sous la tutelle des vendeurs du temple de
compte à demi avec l'étranger.

Plusieurs incidents, à péripéties dangereuses ,
retardèrent l'embarcation du roi Murat pour l'île
de Corse.

Enfin il se sépara du rivage et des regards
attendris de ses hôtes bienveillants.

Le roi Murat foulait la même mer qu'après le
traité du Campo Formio ; mais le but du voyage
était différent. Dans son itinéraire antérieur, Murat
allait enseigner aux Mameloucks, l'art de faire la
guerre, et donner à l'Egypte des leçons de droit
public et politique. Présentement , le roi Murat
voyage pour des leçons de haute philosophie pratique. Il s'agit de son sang guerrier et religieux,
qu'il va répandre en Italie, le théâtre de sa couronne réformiste. Cette effusion est nécessaire pour
laver la rouille féodale et monachale, restes impurs
du vieux paganisme. Ces restes impurs résistent à
tout, sauf au sang royal ou impérial. En France,
il a fallu le cumul de ces deux sangs pour mettre
notre principe à son apogée. En Italie et en Allemagne, nous apercevons de grandes crises épuratives.

2.

En quittant Toulon , combien de pensées philan-
tropes dans l'esprit du roi Murat : il dut se rappeler
avec admiration le salut de deux frégates par les
forçats du port, et haïr les Anglais pour l'incendie
de la flotte. Les Anglais, qui se disaient les amis
de la France , lui enlevaient les moyens de son
commerce maritime. Ils fesaient trophée de cette
violation des droits des gens, du haut de leurs
tribunes parlementaires. L'incendie des navires de
Toulon, disait Albion , nous vaut le gain d'une
bataille navale.

A l'heure qu'il est, Milord est tout autre que
dans son passé, et notamment en 1830. Ce changement est dû à la maxime de Saluste : *Metus
hostilis in bonis artibus civitatem retinebat.* L'in-
surrection indienne et la lumière du xıx^e siècle lui
inspirent des craintes. Milord sent que son trop
d'embonpoint l'étouffe ; il sent qu'il ne doit pas
gonfler comme la pécore de la fable : — il sent
qu'une république ou quasi-république ne peut se
conserver que par la frugalité et un état homogène
à cette vertu. Milord a sous les yeux les nombreuses
causes qui perdirent les républiques. La première
sauvegarde d'une république, n'importe sa nature,
est la qualité qui n'excite pas l'envie des grandes
puissances. Cette vertu existe, du moment que la

république se borne aux échanges extérieurs de ses produits agricoles.

Notre ère nouvelle ne veut pas de vengeance contre Milord : elle n'exige de lui que l'égalité maritime, en conformité des produits terriens et non des manufactures. L'Angleterre n'a pas besoin de peupler ses côtes de mesures défensives : la France n'a pas de Scipion Emilien à lui envoyer. Elle s'est contentée de lui envoyer le programme civilisateur de l'Europe. Louis XVI le lui montra quelques instants; Napoléon III, au nom de la France et de l'Europe, le lui a montré tout-à-fait.

La reine d'Angleterre a béni la vibration politique retentissant sur toute notre planète. Elle s'est montrée aussi reconnaissante envers l'Empereur, que Zache envers Dieu fait homme! Comme le prince Albert ne fait qu'un avec son épouse, sa bien-aimée Victoire, je ne parle pas de la communion de gratitude de ce Roi à teinture monarchique.

Si l'unité souveraine s'installait en Angleterre, quels bienfaits pour le peuple! On verrait les guenilles faire place aux draperies, la misère à l'aisance, l'absence de la famille dans les basses classes à la famille, le grabat et le pêle-mêle de l'inceste à l'ordre et à la discipline; on verrait les écoles de filouterie et de prostitution faire place à des écoles chrétiennes. C'est inouï, qu'à Londres il y ait soixante-dix mille arrestations par an et cent vingt mille femmes prostituées. Si l'unité souveraine s'installait, cette novation ferait fuir l'esclavage de neuf millions d'Irlandais, et les remouleurs des instruments à attentats.

Vouloir l'unité monarchique en Angleterre, c'est la vouloir au désert, qui ne convient qu'à ces êtres dont parle le contrat social.

La constitution anglaise a le cachet de son origine anglo-saxone. Tout ce qu'on peut obtenir de la politique anglaise, c'est l'échelle navale, en conformité des produits agricoles de chaque peuple. Le mouvement civilisateur parle en faveur de cette réforme. Milord cherche à éloigner son arche de salut; mais il faut qu'il se rende à l'équilibre : il ne peut pas plus se défendre que Louis XI, pour le salut de son âme, des conseils de Saint-Vincent-de-Pole.

Sur le souvenir que le général Bonaparte voulait établir à *Ptolomaïs*, une colonie européenne, pour les motifs qui font ouvrir le canal de Suez, — le roi Murat dut désirer ardemment pendant sa traversée, la jonction de la Méditerranée à la mer Rouge. Cette jonction opérera la richesse de l'Italie et de la Germanie ; or, cette richesse fera tenir à ces peuples le langage de Syeyés : *La Bourgeoisie veut être quelque chose !* Le ressort d'émulation commerciale fait progresser les peuples : il devra faire rougir les révolvers et poignards, qui n'ont pas fait avancer d'une ligne l'Italie, depuis le règne de Tibère. On a vanté la secte des stoïciens ! A quel but ? Quel a été le but respectif du poignard des Janissaires et des Sultans ? Où en est présentement le peuple musulman ? Qu'on le compare au peuple du Christ ! Le peuple du Christ s'assied sur le chevalet, jusqu'à ce que les sceptres aient dit deux et deux font quatre. Aussi Napoléon disait : le trône n'est fait qu'avec quelques planches !

Par le canal de l'isthme de Suez, l'Allemagne et l'Italie touchent aux désirs de Manin de Venise. Le tiers-état en France amena l'unité du pouvoir. Avec le canal de l'isthme de Suez, la bourgeoisie, au-delà du Rhin et des Alpes, lavera avec les rois la vieille rouille féodale, et par une révolution pacifique, l'Evangile obtiendra son complément réformiste.

Si la France et l'Europe ont éprouvé du retard, au bénéfice d'une aristocratie marchande, la cause en est à Louis XVIII, en contradiction avec Alexandre 1er, avant sa séduction par M. de Vitroles, diplomate hors ligne.

Durant son passage maritime, le roi Murat encourut d'imminents dangers. Son courage fut toujours calme et résigné. Le sol natal l'avait protégé : la mer imita, à cet égard, la terre ferme.

Le roi Murat avait remercié la France pour la vie qu'elle lui avait donnée ; la France l'avait remercié, à son tour, pour sa part active à effacer la rouille de l'Europe. Elle l'avait remercié pour la vitesse de sa politique, à rompre en France la fièvre révolutionnaire. A cet égard, il s'agit de sauver un peuple ; or, tous les moyens sont permis. Il n'est que les courtes vues qui s'en offensent ! La France l'avait remercié pour sa gloire de Mondavie, de Tagliamento, d'Alexandrie, d'Aboukir, où ses hauts faits d'armes ont été peints par le pinceau de Vernet et chantés par la lyre de Barthélemy, pour sa gloire de Saint-Cloud, au 18 brumaire, où, à raison du cahos gouvernemental, les fonds publics étaient descendus à six francs. Elle l'avait remercié pour l'obtention de la main d'une sœur de Napoléon et de sa direction de la république cisalpine, acheminement à l'unité italienne ; pour son mérite supérieur dans les fonctions législatives et gouvernementales dans la ville de Paris, pour ses qualités supérieures, qui lui méritèrent le royaume de Naples ; pour son mérite supérieur à la Moscowa, à Dresde, à Leypsic. Les revers du roi Murat, à Rome, donnèrent la main à ceux de Waterloo. Je ne fais qu'indiquer une partie des grandes affaires où le roi Murat eut une grande part.

La gloire française avait besoin du lit de repos. Durant la nuit de son sommeil, les oiseaux de proie poussèrent des cris tout à leur aise, comme célébration de leurs désastres. Au retour du phare, ils ont fui dans leurs retraites profondes. Ils n'en sortiront qu'en temps de maladie de la France.

Les semences politiques que le roi Murat avait jetées en Europe fleurissent de toute part ; l'Indoustan s'élabore pour en obtenir la parure, et a des tendances à l'imitation des Etats-Unis. Je présume la cassation du jugement de l'abbé Reynal sur les Indous ; je pense que la contagion de la mollesse qui frappa Alexandre, Gingiskan et Tamerlan, passera à la métempsychose atmosphérique.

L'Espagne, sous un climat aussi brûlant que le pays des Indous, chassa les Maures par le coup de grâce de Ferdinand le Catholique. Pourquoi les Indous, sous les auspices de l'Europe très-chrétienne, ne se débarrasseraient-ils pas des persécutions qui ne les ont que trop longtemps opprimés ! A raison du percement du canal de Suez, quel bel avenir pour la presqu'île de l'Indoustan ! Le commerce y développera les arts ; or, les arts sont éversifs de la mollesse, la seule cause du despotisme, et de l'invasion armée des ressources de l'énergie et de la lumière du savoir.

Arrivé en Corse, le roi Murat reçut les honneurs de la maxime : *où est le Roi, là est la patrie.*

En honorant le roi Murat, la Corse honorait Napoléon garrotté à Sainte-Hélène. Sur la terre, une race royale ou impériale doit être une seconde providence, jusqu'au glas de sa fin dernière. Alors seulement, il doit y avoir dévolution d'une race royale ou impériale à une race nouvelle.

La Corse fit preuve de piété filiale envers le roi Murat.

Cette piété aurait été, même en France, envers Napoléon, sans la compression étrangère, antée sur le servilisme recruté à l'intérieur.

Le servilisme avait refusé l'épée de Napoléon, qui aurait exterminé sur les bords de la Seine les soi-disant frères et amis.

En 1815, Milord, Louis XVIII et le haut mercantilisme se partageaient les revenus de la France. Sans patrie, Louis XVIII avait besoin d'un protectorat de sa nature. Louis XVIII avait besoin de Milord, à l'égal d'Isabelle, d'Henry V, d'Angleterre. A un roi fainéant, il faut une faction de son étoffe : le tout sous la protection de l'étranger.

En pareille occurence, le tribut direct ou indirect qu'on paie à l'étranger est ruineux et énervant. Louis XVIII était l'enfant chéri du haut mercantilisme, livrée de la nation, quand il quitte sa place. L'honneur était en esprit à Sainte-Hélène; son ménage était à part du régime constitutionnel. Sur toutes les portes, était le sang de l'agneau, sauf sur le portail de la féodalité bourgeoise. Elle était isolée des idées qui priaient pour sa propre conservation et pour la dissolution des miasmes qui pesaient sur sa tête. Le régime constitutionnel était la résurrection du véto, le bien-aimé du cœur de Louis XVIII. Qu'on me permette de remonter à ce *Veto*. Sur la capture de ce Veto par la montagne, Louis XVIII voulut se venger contre elle et la France, par l'organe de son sicaire Robespierre. Mille fois, l'émigration m'a dit que cet avocat en parlement s'était fait le haut exécuteur de Monsieur, frère de Louis XVI. A ce témoignage, se joint la lettre suivante de Louis XVIII, qu'on trouva dans le dépouillement des papiers de Robespierre, après le 9 thermidor :

« Mon cher Robespierre, j'ai appris que les cir-
» constances vous avaient élevé au fauteuil de la
» présidence ; vous n'en êtes que plus près de
» l'échafaud. Hâtez-vous de venir à moi : votre

» place est marquée , ainsi que celle de vos amis :
» nous rirons ensemble du rôle que vous avez joué
» en France. »

Voici ce que dit un historien, de Robespierre :
« Robespierre cachait un traître sous le *masque*
» *républicain ; s'il envoyait quelques prêtres et*
» *quelques royalistes à la mort , c'était pour mieux*
» *cacher son jeu.* »

Enfin , Robespierre laissa tomber le masque. Sa
reculade à l'existence de Dieu et à l'immortalité de
l'âme , le signala comme un imposteur et un tyran
qui brigue une seconde place.

D'autre part , tout le monde sait que la sœur de
Robespierre touchait du trésor ou de la cassette de
Louis XVIII , une somme de neuf mille francs.
Pourquoi la sœur de Marat est-elle morte de
misère dans un galetas; elle inspirait par son mérite
personnel bien plus d'intérêt que la sœur de
l'assassin du poète Chénier.

Robespierre, à la suite de ces horreurs, se fit
philosophe; il créa la fête à l'être suprême; il y
assistait très dévotement : l'encens qu'il envoyait à
Dieu était infecté d'attentats. Son effronterie indi-
gnait le peuple , qui criait à bas le monstre. Robespierre était le bourreau du petit peuple et de ses
femmes. Par ses ordres, Carrié en fit noyer cinq

ou six cents en l'honneur du retour à l'être suprême. Le grief de ces infortunées était d'avoir chanté gaiement la marseillaise. Une brochure fait l'éloge de Robespierre. Qu'on s'en méfie ! car elle est aussi amie du recul que le sicaire, à qui elle prodigue l'encens.

Louis XVIII fut l'ami de Taleyrand et de Fouché, ses deux commençaux.

Quel contraste entre Louis XVIII, homme à stigmate, et Charles X, qualifié de chevalier français par l'histoire des dix ans... Charles est grand dans les annales des peuples ; il fut chanté par les vénérables des loges maçonniques ; il fut révéré par l'opposition scientifique. Benjamin de Constant applaudit Charles X, la réponse du bon Roi fut celle-ci : « Cette fois-ci, je vous y prends', M. Benjamin Constant.» Charles X dit à une dame : Si j'avais perdu de vue mon printemps, vous me le rappelleriez. » Charles X obéissait à la morale de Fénélon : ne vous vengez qu'à force de bienfaits. Il éleva à la pairie un traître, sous la prévention d'un conseil de guerre. Il imitait la politique d'Henri le Grand.

Charles X emporta au bannissement beaucoup de larmes françaises ; Hugo devait faire partie essentielle de ses funérailles : il emporta un beau fleuron de la conquête d'Alger. Qu'avait emporté le régent de Louis XV. Répondez, flotte espagnole, prise sans la moindre déclaration de guerre, répondez, mânes mémoratifs de Law ; répondez, cynisme effronté de Dubois, qu'avait emporté Egalité de 1789, répondez bataille navale des îles Douessan ; répondez, princesse de Lambasle; répondez Mirabeau ; répondez instruction du procès de Louis XVI, et avant massacres de Versailles où figurent autant de lacheté que d'horreurs, qu'emporta Egalité de 1830. Répondez ingratitude pour les millions d'indemnité, pour le pardon des précédens, répondez conspiration de Neuilly, fête de Neuilly ; répondez ombres des deux Condée ; répondez remords Adelaïde, et dame Feucher, répondez] enfin remords Philippe ; vous vous avouez un grand coupable : *Tout est perdu en France, hors ma cassette.*

L'idole Philippe fut brisée par l'arrêt du 21 janvier et par sa faction, suivant l'histoire.

Philippe avait plus de confiance, pour son salut, en les fortifications de l'absolutisme héréditaire que dans les fortifications de Paris. Il aurait voulu pouvoir prononcer la déchéance de la chambre des pairs et des députés, anéantir la liberté de la presse, qui l'étouffait après l'avoir élevé ; il aurait voulu s'environner d'une sauvegarde chevaleresque, classifier l'agriculture, l'industrie, le commerce, le prolétariat, fixer l'hérédité de la gloire dans chacune de ses classifications ; il aurait voulu créer une école militaire dans chaque commune, dans chaque chef-lieu de département, dans chaque ville principale de France, et en pareils lieux, des écoles civiles, en rapport avec chaque classification civile ; il aurait voulu, dans chaque commune, pour instituteur militaire, un sergent respectable par ses insignes, par ses chevrons et sa retraite. Les enfants seuls du prolétariat auraient reçu les leçons du brave retraité. Une bonne direction des enfants du prolétariat en fait des Léonidas. Il aurait voulu au même titre de professeur une douzaine de centurions retraités, au chef-lieu de chaque département, pour instruire, en conformité de leur savoir, les enfants des officiers. Il aurait voulu dans chaque ville de premier ordre, une école destinée à faire des aptitudes aux grades supérieurs, à la sortie des bancs ; il aurait voulu une dévolution des écoles communales et départementales, en faveur des génies naissants, et cela dans l'intérêt de la balance, qui ne reconnaît que le mérite. Il aurait voulu que le point de départ, dans la carrière des armes, eût été la giberne et le sac au dos ;

or, Napoléon IV porte des galons de laine. Il aurait voulu que l'agriculture eût été la pépinière des fonctions judiciaires et administratives. Il aurait voulu l'hérédité de la gloire dans la classe agricole, dans la classe industrielle, dans la classe commerçante, dans la classe prolétaire, et dans la classe guerrière. Il aurait voulu les majorats jalons, braves des braves, la diversité des titres. Philippe aurait voulu ces institutions, qui garantirent, seize siècles, l'Egypte de l'invasion. Philippe comparait le corps social au corps humain, où les viscères et rameaux s'entendent dans une situation distincte.

Philippe, qui s'était prononcé pour l'absolutisme héréditaire, devait entrer dans l'énumération qui vient d'être exprimée.

L'absolutisme héréditaire était aussi impossible à Louis Philippe qu'à Childéric et à Louis le fainéant. Ce n'est pas au marasme d'une race à se relever par l'absolutisme; il ne lui reste que le suaire à vêtir, et la gloire éternelle à désirer; c'est à une race nouvelle à remplir une nouvelle tâche.

Le 18 brumaire avait ordonné cette nouvelle tâche à la race napoléonienne. Elle l'a méritée comme ses trois sœurs, à qui la terre a été légère.

L'Europe nous a toujours imités. C'est pour faire

obtempérer avec vitesse à cette maxime, que Napoléon porta le théâtre de la guerre chez les nations de l'Europe. Rien d'aussi éloquent pour faire imiter une constitution, que le spectacle des batailles. Si l'Angleterre ne s'était opposée à cette imitation, Napoléon l'aurait voulue pacifique. Le cabinet de Londres était contre Napoléon, comme avait été Wittiquint de Saxe contre Charlemagne. Un cabinet perché sur un rocher et qui veut boire dans des coupes d'or, à l'égal de la cour d'Attila, ne doit pas vouloir l'ordre d'une planète, parce que cet ordre le rendrait de droit à la frugalité. C'est par rapport au cabinet de Londres, qui trompait et corrompait les cours de l'Europe, que Napoléon leur fît la guerre.

Cette guerre fut efficace en faveur de la civilisation et du mérite guerrier qui devait jalonner l'avenir français. Cette guerre était nécessaire pour redresser la fausse politique du ministre Fleury, qui s'engagea imprudemment dans les guerres d'Allemagne, contre Marie-Thérèze . imprudence qui fut exploitée par le cabinet britannique, qui afficha victorieusement une résultante de mono-poles maritimes envers et contre toutes les puissances de l'Europe. L'humiliation du traité de Paris fut commune. Le système continental était capable d'effacer cette humiliation, si les paniques ne s'en étaient mêlées, si les vieilles dynasties n'avaient tremblé pour leurs trônes. Si ces trônes avaient accepté les améliorations de l'unité de pouvoir, avec l'équilibre international, sur ses véritables bases, la poudre aurait été muette au-delà du Rhin et des Alpes. Les sceptres d'Allemagne devaient bien sentir la logique de la paix de Memster et sa progression ascendante, qui veut l'incorporation de la Belgique à la France et un remaniement territorial en Germanie. Les sceptres du temps de Napoléon Ier redoutaient la monarchie universelle, c'étaient leurs seules craintes. L'Allemagne obéit à la civilisation sans violence , exemple la Prusse depuis 1808 jusqu'à 1825. Cette vérité se démontre aux termes du projet Rayneval. Toutes les cours le pressèrent sur le cœur, hormis le cabinet de Saint-Jammes. Ce cabinet a pu ralentir l'entrain progressiste de l'Europe ; mais il lui est impossible de l'empêcher. Il a résisté aux bombes et aux révolvers. C'était le seul moyen qui restait à la piraterie. Elle a fait de nécessité vertu, à raison de son échauffourée ; elle bénit le phare qui a signalé les écoles de morts subites. L'histoire compte un bon larron de plus.

Les fêtes cordiales en Corse volaient au-devant

du roi Murat. C'est au milieu des manifestations fraternelles, que Macerony , au nom de l'Empereur d'Autriche , vient apporter la lettre suivante : « Il est facultatif au roi Murat d'accepter pour lui et sa famille un asile en Bohême ou en Moravie , avec des maisons de campagne ; mais à la condition que le roi Murat changera de nom et qu'il jurera sur son honneur qu'il ne sortira des lieux qui lui seront assignés. »

A la lecture de cette lettre , le roi Murat dit à Macerony : « Ayez la bonté de rapporter à mon cousin d'Autriche que je vais partir pour le recouvrement de mon royaume de Naples. »

Le royaume de Naples était dû au roi Murat. François II aurait dû plaider sa cause au congrès de Paris, qu'avait mis en liesse la néfaste de Waterloo. Rétablie sur le trône de Naples , l'unité italienne aurait repris son élaboration. François II aurait gagné à ce rétablissement, qu'il aurait obtenu d'Alexandre, par cela seul qu'il n'était plus sous la pression de la grande habileté de Vitrolles.

François II aurait vu dans la possession du trône de Naples par Murat, l'avenir d'une révolution pacifique en Germanie ; il aurait vu l'exécution du plan réformiste de Joseph II. Ce plan consolidait la mort naturelle, sans secousse , des dynasties de

Vienne et de Berlin. En France, quelle est la race qui n'a pas béni sa fin dernière. Cette fin eut quelques situations anormales ; mais elles sont inséparables de tout enfantement politique prononcé par la loi des vicissitudes.

A la nouvelle de l'installation du roi Murat, Pison aurait tremblé devant la mort , *à coups d'épingles, de Napoléon premier.* Et la volonté originelle d'Alexandre, qui le voulait sur le trône de France, aurait prévalu. Qu'aurait craint le Saint-Père de l'unité italienne ? Qu'avait-il craint de Charlemagne. L'empire français aurait à toujours approuvé la défaite de Didier, roi des Lombards ! Dieu avait jugé autrement, il fallait les terribles leçons de Bossuet. Les pieds de la liberté voulaient marcher dans le sang du roi Murat, du maréchal Ney et de Napoléon Ier. La première providence veut être imitée par les secondes !

Si François II s'était refusé de lire dans le rétablissement du roi Murat, il devait au moins respescter le droit des gens. Il aurait dû épargner par son influence le guet-apens et l'attentat. Il aurait dû pratiquer la lettre confiée à Macerony. L'indignation du royaume de Naples fut exprimée par la désobéissance de la fusillade.

Pendant son séjour en Corse, le roi Murat avait

du roi Murat dans l'armoire voisine du lit de la chambre à coucher de Ferdinand. Elle était conservée dans l'esprit de vin.

L'homme veille loin de sa victime, dit Chateaubriand, et le tigre dort auprès d'elle.

Chateaubriand se trompe au sujet des remords ; l'écriture sainte ne se trompe pas : *cùm ad pessimum venerit impius omnia contemnit.*

Si l'entreprise du roi Murat avait été couronnée de la réussite, les probabilités lui assuraient le sceptre. On se rappelle que sous les lambris dorés de l'hôtel Taleyrand, Alexandre de Russie s'était prononcé pour le maintien de Napoléon Ier sur le trône de France. Cette grande pensée, que la séduction Vitroles avait faite retirer, avait dû revenir avec vitesse dans l'esprit du Czar.

La Russie, à raison du progrès, n'était plus sous le protectorat du cabinet britannique ; la Russie n'en était plus à l'enfance de ses produits bruts ; les arts avaient à Saint-Pétersbourg le même langage qu'à Londres. Le Czar avait cessé d'être l'approbateur des monopoles maritimes. Or, le Czar comprenait le génie de Napoléon, qui ne pouvait vouloir que l'équilibre ; il savait, d'un autre côté, que Louis XVIII, élevé au pouvoir par le haut mercantilisme, ne pouvait être que garrotté à des exigences factieuses, sous le palladium britannique. Le Czar aurait rappelé Napoléon aux Tuileries.

Murat remonté sur son trône de Naples, l'unité italienne qu'a désiré Manin de Venise, était certaine. La réforme était dans l'esprit des masses ; elle avait été secondée du roi Murat en 1808. Pour la réforme, l'Allemagne fesait cause commune avec l'Italie. On se rappelle les théories de Joseph II. L'Italie soutenue de la France et de Napoléon, devenu modéré comme Louis XIV après la paix d'Utrech, la réforme italienne et germanique se fesait sans coup férir, d'autant que Napoléon n'aurait plus été embarrassé du sénat, du corps législatif, punis pour leur félonie évidente.

Napoléon porté sur les bases monarchiques et son génie, de quoi n'était-il pas capable, avec les sympathies d'alliance naturelle de la Russie ; elle a eu sa fougue sous Napoléon III ! Mais quelle est la grande puissance de l'Europe qui n'a pas eu la sienne ! La jeunesse des peuples comme des hommes a ses beaux défauts, l'absence de ces défauts ne serait que la dernière saison de l'âge.

Par le couronnement de la fermentation italienne et germanique, le roi Murat aurait eu son trône dans le Lombardo-Vénitien. C'était sa situation d'efficacité éventuelle, à l'égal de l'Autriche et de la France à Vienne et Paris.

La centralisation dans le Lombardo–Vénitien aurait eu, au moyen de la vigilance quotidienne, les mouvements italiens sous les yeux.

Par l'établissement de l'organisation monarchique sur le modèle de la France, dont l'écho au-délà du Rhin et des monts, la dynastie du roi Murat était au pavois pour plusieurs siècles.

Ces réflexions ne s'adressent qu'à 1815 et comme histoire, et non à notre ère nouvelle pourvue du génie. En pareil cas, les cahiers de condoléance sont oiseux. Ils sont oiseux, toutes les fois qu'on a à faire à des Philippe–Auguste, à des Philippe-le-Bel, à des Charles V, à des Louis XI, à des Henri IV, à des Richelieu, à des Louis XIV, à des Napoléon. Le peuple leur dit avec fondement : mandataires du Ciel, que votre volonté soit faite. On ne demanda pas compte à Charlemagne du legs de la division de la couronne et de la convocation des assemblées générales ; on ne demanda pas compte à Richelieu et à Mazarin de la non suppression des parlements. En pareilles conjonctures, la plante du Ciel est seule compétente. La convalescence dans un état ou un vice incurable sont pris en considération par le génie gouvernemental. Or, la nation doit obéir, à l'égal de la vieille Athènes à son législateur.

Et le Saint-Père le pape, si le roi Murat avait recouvré son trône, aurait-il été content de l'unité italienne? Pas le moindre doute. Le pape n'avait eu qu'à se féliciter de l'unité du pouvoir en France, il ne pouvait que bénir pareil gouvernement dans la péninsule. Le Saint-Père n'avait pas oublié les bienfaits de Charlemagne contre Didier, roi des Lombards ; il ne pouvait que saluer de bon cœur l'unité souveraine qui le rendait à la stabilité de ses droits d'origine. Charlemagne avait fait un monarque temporel du Saint-Père, en conformité de l'adhésion des âmes aux temples du Saint-Esprit. Par gratitude, Léon III fait un Saint de Charlemagne. Sous l'Empire, les lycées célébraient sa fête. L'unité du pouvoir aurait été fructueuse à la Thiare. C'est pour s'en être écartés que les papes Grégoire V, Urbain II, Grégoire VII, firent souffrir des peines humiliantes à leurs successeurs, avec des scandales. Sous le règne d'Henri IV, empereur d'Allemagne, les ducs et les princes qui ne pouvaient secouer l'unité du pouvoir que par le secours des excommunications, se coalisèrent avec Grégoire VII, homme d'un caractère très-violent. Henri IV fut ruiné par les guerres de la coalition ; mais à la cessation de la guerre, les grands de Germanie désertèrent la cause du pape. Ils l'humilièrent même par l'organe d'Henri V, qui emprisonna Pascal II. Voilà où conduit l'esprit de passion. L'unité du pouvoir et la papauté étaient nées ensemble, comme dit la tradition ; pourquoi se séparer. L'union temporelle et religieuse est écrite dans les quatre articles de Bossuet. La cour de Rome fit la leçon de son écart. La vassalie germanique en profita pour asseoir sa félonie. A quoi aboutirent les bulles fulminantes ? à un succès passager, avec des suites humiliantes et scandaleuses contre la cour de Rome. Boniface VIII fut emprisonné, le schisme vint ensuite, et après, par discrédit, la dissidence qui chassa en majeure partie le principe de l'humanité. Le paganisme avait occasionné la liberté sur le sang du martyre, l'abus du christianisme avait assis le martyre d'Henri III et d'Henri IV au haut du bucher de la ligue. Par suite, un grand progrès civilisateur dans les règnes Louis XIII et Louis XIV. Les fossoyeurs du fanatisme et les auteurs du retour de la philosophie chrétienne. En rétablissant l'unité temporelle, le roi Murat rétablissait l'unité religieuse. C'est la violation de l'unité temporelle qui avait produit la dissidence.

A part l'Angleterre, le principe temporel est, à quelque chose près, le même partout en Europe. Le principe retrempé par l'unité du pouvoir sur notre face de planète, l'Europe sera entièrement philosophe. L'expression de cette philosophie est dans les pompes du catholicisme ; elles sont les colonnes de l'Evangile, d'autant que Julien, l'apostat, voulut les détruire pour rendre l'empire romain au paganisme.

Le rétablissement de Napoléon et de Murat sur leurs trônes respectifs, était la force du Saint-Père et consolidait le continent sur ses véritables bases politiques.

Napoléon et Murat n'ont jamais fait qu'un ; si la calomnie avait cherché à les désunir, plus tard elle se convertirait en leur faveur, sur l'exemple d'Athènes envers Socrate et Phocion.

Napoléon Ier, en 1815, avait opéré toute épuration en France, et l'Europe l'imitait. Présentement, le sceptre a lavé une grande partie de la corruption du régime constitutionnel.

Pour recouvrer le principe de la France, les Capétiens usèrent fructueusement de trois moyens essentiels, les croisades, les communes et les parlements. Ces moyens firent crouler l'édifice féodal, souvent sous le protectorat de l'étranger. Pour effacer, à notre époque, la corruption, le sceptre a à son secours le sénat, le corps législatif et le suffrage universel. Ce concours de piété filiale remplit une grande tâche, dont il viendra nécessairement à bout. La nation, en rappelant sans cesse 1789, trouve qu'il y a insigne progrès, à raison du suffrage universel et du sénat. C'est sous les auspices de ce progrès que les faux dieux tomberont. A leur chute, ne sera-t-il pas permis au sénat, au corps législatif, au suffrage universel, de dire : notre mission est remplie, que l'hérédité chevaleresque remplisse la sienne ! Cette hérédité a le don de montrer partout le mariage du sceptre et de la houlette : il est l'évangile pratique. Dieu fait homme l'a créé; ne cherchons pas à nous hisser contre sa parole. Ultramontanisme et argent, ne cherchez pas à défigurer le Christ. En France, nous sommes fiers de la tribu de Lévi, et craignez *sa Justice!*

GERVAIS.

BIBLIOTHÈQUE IMPÉRIALE IMPR.

Imp. de X. Duteïs.

www.ingramcontent.com/pod-product-compliance
Lightning Source LLC
Chambersburg PA
CBHW061331050726
47595CB00005B/1884